ARRÊTÉ

fixant le régime général

des concessions de terrains ruraux

en Indochine.

(19 septembre 1926).

HANOI

IMPRIMERIE D'EXTRÊME-ORIENT

—

1926

ARRÊTÉ

fixant le régime général

des concessions de terrains ruraux en Indochine.

(19 septembre 1926).

HANOI

IMPRIMERIE D'EXTRÊME-ORIENT

—

1926

Le Gouverneur général de l'Indochine,

Vu le sénatus-consulte du 3 mai 1854 ;
Vu le trait du 6 juin 1884 entre la France et l'Annam ;
Vu le traité du 11 août 1863 et la convention du 17 juin 1884 entre la France et le Cambodge ;
Vu les décrets du 20 octobre 1911, portant fixation des pouvoirs du Gouverneur général et organisation financière et administrative de l'Indochine ;
Vu l'arrêté du 27 décembre 1913 sur les concessions urbaines et rurales du domaine privé en Indochine ;
Vu l'arrêté du 26 novembre 1918, modifiant ou complétant certaines dispositions de l'arrêté du 27 décembre 1913 ;
Vu le décret du 9 juin 1922 sur les attributions du Conseil colonial de Cochinchine ;
Vu l'arrêté du 22 mai 1924, complétant l'article 1ᵉʳ de l'arrêté du 27 décembre 1913 ;
Vu l'arrêté du 31 octobre 1924, modifiant l'arrêté du 22 mai 1924 sur l'aliénation des terres domaniales en Indochine ;
Vu l'arrêté du 4 février 1925 relatif à l'exclusion des étrangers du bénéfice des contrats administratifs en Indochine ;
La Commission permanente du Conseil de Gouvernement de l'Indochine entendue,

ARRÊTE :

I. — DISPOSITIONS GÉNÉRALES

ARTICLE PREMIER

1. — Les terrains ruraux dépendant du domaine privé en Indochine peuvent, sous réserve des droits des Souverains protégés et des conventions diplomatiques en vigueur, être concédés en propriété ou à bail, en vue de la création d'entreprises agricoles, industrielles ou commerciales, conformément aux dispositions générales du présent arrêté.

Des arrêtés réglementaires locaux, pris dans la forme appropriée au statut politique de chacun des pays de l'Union et approuvés par le Gouverneur général, fixeront les dispositions de détail ou spéciales à chacun de ces pays.

2. — Ces terrains sont concédés à titre onéreux. Toutefois, afin de favoriser la petite colonisation française et indigène, des concessions gratuites peuvent être attribuées, dans la limite maximum de 300 hectares pour un même concessionnaire, par les Chefs d'Administration locale et aux conditions fixées par eux.

Art. 2

1. — Ne peuvent être concessionnaires de terrains ruraux que les citoyens, sujets ou protégés français, ainsi que les Sociétés régulièrement constituées sous le régime de la loi française et dont le capital est formé en majorité par des capitaux français.

2. — Les Sociétés doivent avoir leur siège social en France, ou dans les Colonies françaises ou pays de Protectorat ; le Président du Conseil d'administration et la majorité des administrateurs doivent être statutairement et effectivement nationaux, sujets ou protégés français.

3. — En cas de violation des prescriptions ci-dessus, la déchéance de la concession peut être prononcée, dans le délai de six mois qui suivra une mise en demeure préalable, et sa mise en adjudication poursuivie par voie administrative.

L'adjudicataire éventuel est tenu de rembourser les impenses à dire d'experts.

Art. 3

1. — Sauf dispositions contraires inscrites dans le cahier des charges, les concessions de terrains ruraux comprennent le sol et le sous-sol, à l'exception, toutefois, des gisements miniers en place dont l'appropriation demeure régie par une législation particulière, des sources d'eaux minérales, des haldes et scories provenant du traitement de minerais, des restes fossiles d'animaux ou de végétaux, des ossements et de l'outillage de l'homme préhistorique, des trésors et de tous objets ou constructions visés par la réglementation sur les objets et monuments historiques.

Sous la même réserve, la concession ne comporte aucun droit de propriété sur les cours d'eau et les voies, classées ou non, qui traversent ou bordent les terrains définis dans l'acte de concession.

2. — Le concessionnaire sera soumis à toutes les dispositions des actes réglementant les régimes forestier et hydraulique et la chasse dans les différents pays de l'Indochine, et sera tenu d'observer les lois et coutumes concernant le respect des tombeaux, des pagodes et édifices du culte, de quelque nature qu'ils soient.

Art. 4

1. — La concession des terrains ruraux est faite d'abord à titre provisoire, puis à titre définitif, sous réserve expresse des droits des tiers, aux risques et périls du concessionnaire et sans garantie d'aucune sorte de l'Administration.

2. — Tant que la concession des terrains n'est pas devenue définitive, le détenteur de ces terrains est considéré comme jouissant à titre provisoire. Il ne peut mettre en vente, hypothéquer, louer, ni affecter de droits réels ces terrains sans autorisation de l'Administration, même en se servant de la clause de style « ses droits quels qu'ils soient ».

3. — L'Administration se réserve en outre le droit de reprendre à toute époque, les terrains concédés qui seraient nécessaires aux services de l'Etat, ou de la Colonie, et à l'exécution de travaux publics.

La reprise a lieu aux conditions suivantes :

1o) si les terrains ne sont pas mis en valeur, moyennant la restitution de la partie du prix afférente à la superficie reprise ;

2o) s'il s'agit de terrains bâtis ou mis en valeur, moyennant une indemnité à fixer à l'amiable avec le concessionnaire ; en cas de désaccord il est statué par le tribunal compétent ; l'expertise est obligatoire si elle est demandée par l'une des parties et il y est procédé dans les formes prevues par les articles 302 et suivants du Code de procédure civile.

Art. 5

1. — Aucun concessionnaire ne peut détenir à titre provisoire plus de 15.000 hectares de terrains ruraux. Ces terrains ne

peuvent être groupés en une seule concession, d'un seul tenant ou en parcelles voisines, pour une superficie supérieure à 6.000 hectares.

2. — Sauf impossibilité dûment constatée, les terrains concédés ne peuvent avoir sur les voies de communication existantes : cours d'eau navigables ou flottables, canaux, chemin de fer et routes, ainsi qu'en bordure de la mer, des lagunes et des lacs, un développement supérieur au quart de leur périmètre total sur les voies et nappes d'eau qui les bordent, et au sixième de ce périmètre sur celles qui les traversent.

ART. 6

1. — Les terrains ruraux sont concédés sur l'offre de l'Administration ou sur la demande des particuliers, soit par adjudication publique, soit par marché de gré à gré.

L'adjudication publique est obligatoire en cas de lotissement des terrains par les soins de l'Administration et chaque fois qu'il se présente plusieurs demandeurs agréés pour les mêmes terrains.

2. — Par dérogation au paragraphe précédent, des marchés de gré à gré peuvent être passés :

1o) — Par les Chefs d'Administration locale, à la condition que la superficie totale des terrains déjà concédés ou demandés, ne depasse pas 1.000 hectares pour un même concessionnaire;

2o) — Par le Gouverneur général, pour des terrains d'une superficie supérieure à 1.000 hectares, et, exclusivement, en vue de la création d'entreprises présentant un caractère exceptionnel de par la nature des cultures ou l'importance des travaux de mise en valeur.

ART. 7

1. — Tout acquéreur de terrains ruraux doit justifier qu'il est majeur, citoyen, sujet ou protégé français et, s'il s'agit d'une Société, qu'elle est régulièrement constituée dans les formes indiquées à l'article 2 du présent arrêté. Il doit, en outre, faire élection de domicile, soit au chef-lieu de la province, soit au chef-lieu de la Colonie ou du pays de Protectorat sur le

territoire desquels sont situés les terrains demandés. Toutes notifications administratives sont valablement faites à ce domicile élu.

2. — A défaut de ce domicile élu aux lieux dits, les significations sont valablement faites, en ses bureaux, au chef de la province qui adresse procès-verbal des notifications administratives ;

3. — Tout changement de domicile élu doit faire l'objet d'une déclaration au chef de la province, et devient effectif à partir de la date de l'accusé de réception délivré par ce dernier.

II. — DEMANDE DE TERRAINS ET CONCESSION PROVISOIRE

ART. 8

1. — Les demandes de concession doivent être adressées, en même temps, à l'autorité qui statuera sur la demande et au chef de la province dans laquelle sont situés les terrains demandés ; elle doit énoncer :

1º) les nom, prénoms, qualité, nationalité et domicile ordinaire du demandeur, ou, s'il s'agit d'une société, sa dénomination et son siège social, le domicile élu conformément à l'article 7 ci-dessus ;

2º) l'objet précis de l'entreprise pour la création de laquelle la concession est demandée ;

3º) les limites des terrains demandés.

Les demandes adressées au chef de la province doivent être accompagnées :

a/ d'un plan de la surface, à l'une des échelles qui seront fixées par les arrêtés réglementaires, et indiquant, d'une manière exacte par rapport à des points fixes et remarquables de la région, la position des terrains demandés ;

b/ de toutes pièces justificatives de la nationalité et de tous renseignements relatifs à la capacité financière du demandeur.

2. — Les demandes ayant satisfait aux conditions énumérées ci-dessus, sont inscrites sur un registre spécial et public. Cette inscription n'entraîne aucune obligation pour l'Administration de concéder les terrains demandés.

ART. 9

1. — Les demandes inscrites sont rendues publiques tant par l'insertion aux diverses publications officielles, que par l'apposition au chef-lieu de la colonie ou du pays de Protectorat, au chef-lieu de la province dans laquelle est située la concession, au lieu de la situation des biens et dans les villages limitrophes, d'affiches rédigées en français et en langue du pays.

2. — Il est statué par le Chef de l'Administration locale, sur toutes oppositions aux demandes de concession déposées et inscrites avant l'expiration des délais de publication et d'affichage.

3. — Les conditions et délais dans lesquels peuvent être formées et inscrites les oppositions et dans lesquels il est statué sont fixés par les arrêtés réglementaires. A l'expiration des dits délais, le chef de province transmet le dossier des demandes de concession au Chef de l'Administration locale en l'accompagnant d'un rapport contenant les résultats de l'instruction.

ART. 10

1. — Le Chef de l'Administration locale juge de l'opportunité de la concession des terrains demandés. Il détermine l'étendue des terrains à concéder ; il fixe le prix qui servira de base à l'adjudication ou au marché et fait préparer un cahier des charges.

2. — Dans le cas où les terrains doivent être concédés par voie de lotissement, le Chef de l'Administration locale fait connaître préalablement les périmètres dans lesquels seront assis les lotissements ; il fait ensuite procéder aux enquêtes sur la situation juridique des terrains, détermine les lots à concéder, fixe le prix de base de l'adjudication et fait préparer un cahier des charges.

ART. 11

1. — Il est ensuite statué sur la concession des terrains ruraux et passé approbation du cahier des charges :

1º) par les Chefs d'Administration locale, en Conseil privé ou de Protectorat, pour les superficies inférieures à 1.000 hectares;

2º) par le Gouverneur général en Conseil de Gouvernement, dans tous les autres cas.

2. — Les cahiers des charges sont établis sur des types approuvés par le Gouverneur général, les clauses particulières y sont inscrites par les Chefs d'Administration locale.

3. — Les Chefs d'Administration locale fixent par voie d'arrêtés, approuvés par le Gouverneur général, les prix minima de concession des terrains, par catégorie, d'après leur nature et leur situation.

ART. 12

1. — L'approbation du cahier des charges est suivie de l'attribution des terrains, conformément aux dispositions de l'article 6 du présent arrêté, et dans les conditions et délais prévus aux arrêtés réglementaires.

2. — Ne peuvent participer à une adjudication ou à un marché de gré à gré, que les acquéreurs dont les ressources financières auront été reconnues suffisantes et qui auront été dûment agréés à ce titre par le Chef de l'Administration locale. Les acquéreurs agréés devront, en outre, présenter le récépissé d'un cautionnement versé entre les mains d'un comptable du Trésor, et calculé à raison de la moitié du prix de base des terrains.

Par exception, les acquéreurs, visés au paragraphe 3 de l'article 13, ne seront tenus qu'à un cautionnement égal au cinquième ou au dixième de la valeur des terrains et qui constituera la première annuité. Le cautionnement sera restitué aux acquéreurs évincés.

3. — Hors le cas de lotissement, lorsqu'une adjudication publique porte limitativement sur les terrains ayant fait l'objet de la première demande inscrite, et que l'auteur de cette demande, après avoir participé aux enchères, n'a pas été déclaré adjudicataire, celui-ci est admis, seul, à se faire adjuger les terrains moyennant une surenchère d'un vingtième sur le prix le plus élevé offert. Le privilège de surenchère d it être reconnu par le Chef de l'Administration locale et publié avec

l'avis de mise en adjudication des terrains. La surenchère doit être faite dans la quinzaine qui suit le jour de cette adjudication.

III. — MISE EN VALEUR ET CONCESSION DÉFINITIVE

Art. 13

1. — L'adjudicataire ou le bénéficiaire du marché de gré à gré est tenu de s'acquitter, dans l'annee qui suit l'attribution des terrains, de toutes les obligations prévues au présent arrêté et aux arrêtes reglementaires, en particulier du versement des sommes venues à échéance suivant les conditions du cahier des charges, et du paiement de tous les frais exposés par l'Administration, tels que : frais de cadastrage, d'abornement, d'affichage, etc. Des tarifs forfaitaires de ces frais peuvent être établis par les Chefs d'Administration locale.

2. — S'il remplit la totalité de ses obligations dans le délai prévu, il lui est fait concession des terrains à titre provisoire, par arrêté du Chef d'Administration locale.

Dans le cas contraire, l'Administration reprend possession des terrains, moyennant la simple restitution du prix déjà payé, déduction faite d'un dixième qui est retenu à titre de dommages et intérêts.

3. — L'adjudicataire ou le bénéficiaire d'un marché de gré à gré peut être autorisé, sur sa demande, et lorsque la superficie totale des terrains qu'il a demandés ou déjà acquis en concession n'excède pas 1.000 hectares, à acquitter le prix des terrains :

1°) par cinquième, dans un délai de 5 ans, pour les concessions d'une superficie ne dépassant pas 500 hectares ;

2°) par dixième, dans un délai de dix ans, pour les concessions d'une superficie supérieure à 500 hectares et inférieure à 1.000. Il est, en outre, libéré du paiement des cinquièmes ou des dixièmes restant à percevoir, à dater du jour de la constatation de mise en valeur, qui précède la concession définitive de ces terrains, par la commission instituée à l'article 15 du présent arrêté.

Faute de paiement aux échéances fixées, l'Administration procède à la concession définitive des terrains mis en valeur, après paiement intégral du prix de ces terrains, plus un dixième à titre de dommages et intérêts ; les terrains non mis en valeur font retour au Domaine.

ART. 14

1. — Le concessionnaire provisoire peut se substituer une personne ou une société remplissant les conditions énumérées aux articles 2 et 7 ci-dessus. Le nouveau concessionnaire est soumis aux mêmes obligations résultant des prescriptions du présent arrêté.

2. — Toute substitution de personne ou de société, ainsi que tout transfert de droits relatifs aux terrains en état de concession provisoire, doivent être motivés et agréés par l'autorité qui a statué sur la concession des terrains.

Lorsque cette substitution ou ce transfert intéresse des terrains bénéficiant du paiement par cinquième ou par dixième prévu à l'article 13 ci-dessus, l'agrément est subordonné au paiement préalable du prix total de ces terrains, chaque fois qu'ils se trouveraient groupés dans une même main pour une superficie supérieure à 1.000 hectares.

ART. 15

1. — Les terrains concédés à titre provisoire doivent être mis en valeur, dans les délais et aux clauses et conditions du cahier des charges et des arrêtés réglementaires.

Les délais courent du jour de la publication de l'arrêté de concession provisoire au *Journal officiel de l'Indochine* pour les concessions à titre onéreux de plus de 50 hectares, et, pour les autres, du jour de la remise du titre de concession.

2. — La mise en valeur des terrains est constatée : soit d'office, aux échéances et dans les conditions prevues au cahier des charges, soit sur la demande du concessionnaire, avant même ces échéances, par une commission de constat dont la composition est déterminée par les arrêtes réglementaires.

Dans aucun cas, la première constatation ne portera sur une superficie inférieure au quart de la superficie totale de la concession.

3. — Les opérations de cette commission sont précédées d'une notification faite au concessionnaire, qui est tenu de fournir, dans un délai de trois mois suivant la notification, un plan des terrains mis en valeur et de désigner ses représentants à l'expertise.

S'il n'a pas satisfait à ces obligations dans les délais fixés, le plan est levé d'office et la constatation de mise en valeur faite par les soins de l'Administration, qui assure le recouvrement des frais, par un ordre de recette émis conformément aux articles 193 et suivants du décret du 30 décembre 1912 sur le régime financier des colonies.

4. — Les opérations de la commission de constat sont consignées dans un procès-verbal qui est adressé au Chef de l'Administration locale.

Art. 16

1. — Lorsque le concessionnaire a satisfait aux conditions de mise en valeur, il lui est fait concession définitive, en propriété ou à bail, des terrains qui doivent lui être attribués conformément au cahier des charges.

La concession définitive est accordée par arrêté de l'autorité qui a statué sur la concession des terrains, après que le concessionnaire a rempli toutes ses obligations.

2. — Si le concessionnaire n'a pas satisfait aux conditions de mise en valeur, il lui est fait concession définitive des seuls terrains mis en valeur, dans les conditions fixées par les arrêtés règlementaires ; les autres terrains sont repris par l'Administration, moyennant la simple restitution du prix payé pour ces terrains, déduction faite d'un dixième qui est retenu à titre de dommages et intérêts. Toutefois, en cas de force majeure constatée qui aurait retardé ou paralysé la mise en valeur, le concessionnaire peut bénéficier de délais supplémentaires. Ces délais ne peuvent, en aucun cas, excéder la moitié des premiers délais prévus au cahier des charges, et sont accordés par l'autorité qui a statué sur la concession des terrains.

Art. 17

1. — Tout titre de concession définitive est inscrit sur un registre spécial, tenu par le receveur des Domaines et soumis

à la formalité de l'enregistrement ; le titre de concession définitive devant être seul transcrit.

Les frais de timbre, d'enregistrement et de tous actes relatifs à la concession sont à la charge du concessionnaire.

En cas de décès du concessionnaire provisoire, ses héritiers
lui sont substitués de plein droit, sur la production de titres
authentiques constatant les droits des requérants à la concession. Ils sont tenus aux mêmes obligations que leurs ayants-
droit.

IV. — DISPOSITIONS D'ORDRE

Art. 18

Sont soumises à la juridiction administrative toutes les con-
testations relatives à l'acte de concession et aux obligations
réciproques des parties en cause.

Art. 19

Il est institué auprès du Gouverneur général une commission composée comme suit :

Le Secrétaire général du Gouvernement général. *président* ;
Le Directeur des Finances . . . .
L'Inspecteur général des Travaux publics . .
Le Directeur des Affaires économiques . . .
Le Président ou son délégué et un membre *membres* ;
    indigène de la Chambre d'Agriculture du lieu
    de réunion . . . .
L'Inspecteur général de l'Agriculture, de l'Ele-
    vage et des Forêts . . . . *rapporteur.*

Cette commission donne son avis sur les projets d'arrêtés
réglementaires et de cahiers des charges types, sur les projets de mise en valeur des terrains de la colonie, ains que sur
les demandes de concession dont les dossiers lui sont com-
muniqués par le Gouverneur général.

Art. 20

Le présent arrêté est applicable à toute l'Indochine, sous réserve des dispositions de l'article 33 du décret du 9 juin 1922 sur les attributions du Conseil Colonial de Cochinchine.

Toutes les dispositions contraires, en particulier les articles 21 et suivants de l'arrêté du 27 décembre 1913 ainsi que l'arrêté du 26 novembre 1918 sont et demeurent abrogés, sauf en ce qui concerne les concessions provisoires déjà accordées, ainsi que les marchés déjà passés et non encore approuvés par le Gouverneur général et qui restent sous le régime de ces actes.

Art. 21

Le Secrétaire général du Gouvernement général de l'Indochine, le Gouverneur de la Cochinchine et les Résidents supérieurs au Tonkin, en Annam, au Cambodge et au Laos sont chargés, chacun en ce qui le concerne, de l'exécution du présent arrêté.

Saigon, le 19 septembre 1926.

ALEXANDRE VARENNE.